AF362649

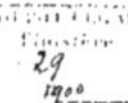

# i u o a — e é è ê

u è i e o é a è

# n      m      r

| n | ni | no | nu | na | ne | né | nè | né |
|---|----|----|----|----|----|----|----|----|
| m | me | ma | mi | mu | mé | mo | mê | mè |
| r | ro | ré | rê | rè | ra | ru | re | ri |

nu   ro   mé   rê   na   mi   rè   me   ra   ni

u|ne ra|me,   u|ne na|ri|ne,   ri|re.

# l   t   d       ui

| l | lu | li | le | lo | lé | la | lè | lè |
|---|----|----|----|----|----|----|----|----|
| t | tè | ti | ta | te | té | to | tu | té |
| d | do | dé | du | dè | di | de | da | dui |

lè   ti   de   né   ma   ru   lo   du   tè   tui

ma tê|te, la lu|ne, u|ne tui|le, le do|mi|no, u|ne ri|de,
u|ne la|me, le dé, ô|te le dé.

# p      b       iè

| p | pi | pé | pè | pe | pê | pu | po | pa |
|---|----|----|----|----|----|----|----|----|
| b | bu | bè | bo | bi | bé | ba | bè | be |

u|ne pi|pe, l'é|pi, u|ne pe|lo|te, u|ne ro|be, u|ne bo|bi|ne,
u|ne é|pi|ne, le mo|dè|le, u|ne ta|ba|tiè|re, u|ne pe|ti|te bê|te,
la tê|te de la pe|ti|te bê|te.

Châteaulin, Imprimerie Ch. LE GOFF.

o  e  i  é  a  è  ê  u  —  b  p  l  m  t  n  d  r

## s    z    j

| s | so | se | sa | sé | su | sè | si | sui |
| z | za | zé | ze | zè | zo | zi | zu | ziè |
| j | je | jo | ju | ja | j'é | | | |

su  zi  ju  ba  re  no  ta  mo  dé  pi  liè

de la sa|la|de, u|ne sa|liè|re, le zé|ro, je m'é|ti|re, u|ne ta|pe,
de la biè|re.

## f    v    io

| f | fé | fe | fo | fa | fè | fi | fê | fu |
| v | vu | vi | vè | vé | vo | vé | va | ve |

fi  vu  sa  ne  pè  da  mo  zé  l'a  je  bo  ri  té  fio

u|ne fè|ve, de la sa|li|ve, de la fa|ri|ne, de la pâ|te, j'a|va|le
ma sa|li|ve, u|ne fio|le, je vi|de la fio|le, je dé|vi|de la bo|bi|ne.

## k = c = q — g

| k | ki | ke | ka | ké | | | |
| c | cu | co | ca | | g | ga | gu | go |
| q | qù | | | | | | |

ké  qù  ca  go  va  fe  li  jà  bé  ru  zi  te  sè  po  mè  do  ni  cui

du ca|fé, le ki|lo, u|ne pi|qù|re, ma fi|gu|re, le ké|pi, le cu|be,
de la ga|ze, u|ne sa|va|te, u|ne ca|ra|fe, je re|cu|le, je la|ve ma
fi|gu|re, lè|ve la tê|te, l'é|co|le, u|ne ri|go|le.

Châteaulin, Imprimerie Ch. LE GOFF.

# x     h     i=y

x   xe   xi   xy   xa   xu   xo  ———   yè

h   è=hè   i=hi   ha   hé   ho   hu   hy   a=ah   ui=hui

xi ha hy dè ga pu fè si nè ka le co ty mé ve jo qù ba

u|ne py|ra|mi|de, de l'hui|le, u|ne ca|fe|tiè|re, le|hui|tiè|me é|lè|ve,
u|ne la|me mo|bi|le, u|ne la|me fi|xe, u|ne fio|le, je sé|pa|re
la pe|lo|te de la bo|bi|ne.

ff   ll   mm   pp   rr   ss   tt   bb   cc=k

u|ne ba|lle, u|ne bo|tte, u|ne go|mme, u|ne ta|sse, u|ne ba|rre,
u|ne ca|nne, u|ne ho|tte, u|ne na|ppe, u|ne pa|tte, u|ne ma|lle,
de la co|lle, le ca|rré, u|ne co|mmo|de, u|ne ca|sse|ro|le,
u|ne a|cco|la|de, u|ne ba|rriè|re ; je ba|rre le zé|ro ; ca|sse
l'é|pi|ne ; je ra|ma|sse la la|me, a|ffi|le-la ; je lui do|nne u|ne
go|mme ; ô|te le dé, do|nne-le lui.

i j f p b r k (h) l s d a m u y v o c g t x e n q z
I J F P B R K (H) L S D A M U Y V O C G T X E N Q Z

(Gradation par ordre de difficulté croissante pour L'ÉCRITURE des majuscules.)

| | |
|---|---|
| I|rè|ne a u|ne ca|sse|ro|le. | Ma|xi|me a u|ne go|mme. |
| Jé|rô|me s'é|ti|re. | U|ly|sse se lè|ve. |
| Fi|dé|li|ne dé|vi|de la bo|bi|ne. | Y|vonne a u|ne ta|sse. |
| Pa|cô|me a la fi|gu|re sa|le. | Va|lé|ry do|nne u|ne ta|pe à Re|né. |
| Bé|no|ni lè|ve le ki|lo. | O|vi|de a u|ne ho|tte. |
| Re|né a u|ne ca|nne. | Ca|ro|li|ne ô|te sa ro|be. |
| Hé|lè|ne ré|cu|re la ca|sse|ro|le. | Ga|ny|mè|de ra|ma|sse le dé. |
| Lé|a a de la ga|ze. | Ti|bè|re a u|ne pi|qù|re à la fi|gu|re. |
| Sé|vè|re la|ve sa fi|gu|re. | E|mi|le vi|de la ca|ra|fe. |
| Do|ra a u|ne ma|lle. | Ni|co|le a u|ne ba|lle. |
| A|na|to|le re|cu|le. | Zo|é la|ve la sa|liè|re. |

Châteaulin, Imprimerie Ch. LE GOFF.

# an    on    in    un

| an | han | van | l'an | tan | pan | ran | man |
|----|----|----|----|----|----|----|----|
| on | bon | don | mon | ton | son | l'on | non |
| in | fin | lin | nin | vin | bin | pin | rin |
| un | mun | tun | fun | d'un | l'un | | |

ban din hon fan lun kin jan pon min ron nan sin von

tin san xon zin fon dan zon jon can con cun gon gan

Une an|se, de la gan|se, un ru|ban, un van, de la vian|de.

Du vin, un la|pin, un pan|tin, u|ne pin|ta|de, un ca|le|pin, la fin de la pe|lo|te.

Un bâ|ton, du co|ton, un bi|don, du ga|zon, un ta|lon, on|ze, du sa|von, de la fon|te, un vio|lon, un bi|be|ron, de l'a|mi|don, un ba|llon, un ha|nne|ton, un din|don, un ron|din, un bon|bon, un bui|sson, un pan|ta|lon, l'on|ziè|me é|lè|ve.

Un un, un é|tui.

Mon ca|le|pin, ton ru|ban, son bâ|ton. Je ca|sse son bâ|ton. Bi|ffe on|ze. Je te do|nne un bon|bon. Sa|vo|nne ta fi|gu|re. Du ca|fé ré|pan|du.

| os | is | us | as | | ir | or | ar | ur |
|----|----|----|----|----|----|----|----|----|
| il | al | ol | ul | | ac | ic | uc | oc |

ol ad if ag uc op ab ur oq az is at yl arc

Un os, u|ne vis, un sac, un bol, un coq, du fil, le mur, un pic, du cuir, un arc.

U|ne cor|de, u|ne bar|be, la por|te, un ca|nif, le bus|te, u|ne car|te, un bo|cal, de la cor|ne, u|ne car|pe, u|ne mar|mi|te, u|ne vir|gu|le.

Un pé|pin, u|ne a|man|de, du car|ton, un cor|don, le jar|din.

J'ad|mi|re la car|te. Un ho|mme ; l'ho|mme por|te un sac. Por|te l'os là.

Châteaulin, Imprimerie Ch. LE GOFF.

| | | | | | | |
|---|---|---|---|---|---|---|
| r | ra | ri | re | ro | ron | |
| vr | vra | vri | vre | vro | vron | |
| fr | fra | fre | fri | fré | fru | fran |
| br | bra | bre | bro | bru | bré | brin |
| pr | pre | pri | pro | pru | pra | prun |
| dr | dru | dra | dri | dré | dro | dron |
| tr | tro | tri | tru | tra | tre | tré | trin |
| gr | gra | gre | gro | gri | gru | gré | gran |
| cr | cre | cro | cré | cri | cré | cra | cran |

trè vra fro bri cru dre pré tran gron brun crin

Un livre, une lèvre, du cuivre, de l'or, un lièvre, un homme ivre.

Un coffre ; je frotte ; je frappe.

Une brosse, un sabre, un arbre, du marbre ; je me brosse. Allume le carton ; il brûle.

Un livre sale, un livre propre.

Un cadre, un cadran.

Du pétrole, un mètre, une montre, un trapèze, une fenêtre, une vitre, un litre, un tréma sur l'e (ë) ; je montre la fenêtre.

Une griffe, une agrafe, un gramme ; je gratte le mur.

Montre la petite agrafe, montre la grande agrafe.

Une cravate, du sucre, une écrevisse, de l'écriture, une ancre, du crin.

Châteaulin, Imprimerie Ch. LE GOFF.

| l | la | le | lé | li | lu | lin |
|---|---|---|---|---|---|---|
| cl | cla | cle | clé | cli | clu | clin |
| gl | gle | glu | glo | gli | glè | glan |
| fl | flo | flè | fli | fle | fla | flan |
| pl | pli | plu | pla | plo | plé | plon |
| bl | blé | blo | blu | bla | ble | blon |
| sp | spi | spé | spa | spon | | |
| st | sta | sto | sti | stè | stan | |
| sc | sco | scu | scan | | | |
| str | stra | stro | stru | stran | | |
| scr | scri | sero | | | | |

clo bli flu gla ple stu spo sca tla sbi sla stri scru

U|ne clé, la cla|sse ; j'é|cla|te de ri|re.

U|ne rè|gle, u|ne é|pin|gle, un on|gle, de la ré|gli|sse, un an|gle, un tri|an|gle ;

Je re|ni|fle ; je si|ffle ; je ron|fle ; un ba|llon gon|flé, un ba|llon dé|gon|flé ; je gon|fle le ba|llon, dé|gon|fle-le ; re|gon|fle-le. Un fla|con.

U|ne plu|me de coq, u|ne plu|me, un por|te-plu|me ; un ca|rré de car|ton pli|é ; le pli du car|ton ; u|ne pe|ti|te plan|te, u|ne gran|de plan|te.

U|ne spi|ra|le, un sto|re.

Du blé, u|ne ta|ble, du sa|ble, un cri|ble, un é|ta|bli.

Châteaulin, Imprimerie Ch. LE GOFF.

| k = qu | que | qui | qu'y | qua | qu'u | |
|---|---|---|---|---|---|---|
| | quo | qué | quan | qu'un | quin | qu'on |
| g = gu | gué | gui | gué | gue | guin | |

Ma nuque, une loque, une barrique, une brique, une barque, un casque, un quatre (4) ; quatorze (14) ; quinze (15) ; quarante (40); un quarteron (25); un vilebrequin; le quatrième élève ; je croque du sucre.

On frappe à la porte. Qui frappe ? — Qu'y a-t-il sur la table ? — Sur la table, il y a un livre.

Une bague, une guêpe, une guêtre, la langue, une guérite ; la guêpe pique comme l'épingle, comme la plume.

# ch    gn    ill

| ch | che | chi | cha | ché | chan | chon |
|---|---|---|---|---|---|---|
| gn | gna | gne | gni | gnon | | |
| ill | ille | illi | illa | illon | illan | |

ché    gno    chy    illé    chu    gné    cho    illo    ché    gnan

Une bêche, une hache, une mèche, une poche, une tache, une ruche, une vache, une bûche, une pioche, une hanche, une manche de robe, le manche de la bêche, un cochon ; l'homme bêche ; on bêche le jardin.

Je marche ; une torche, un cheval, un torchon.

Une chèvre, je crache, une cruche ; j'accroche la clé ; je décroche la clé ; accroche-la ; décroche-la.

Une cloche, une flèche, une planche.

— Une ligne, une ligne horizontale, une ligne oblique ; une signature; une montagne, une colline; un ivrogne, une égratignure, un borgne ; le cochon grogne ; une seringue, je trépigne.

— De la paille, un fétu ; une médaille, une muraille ; une crémaillère ; je bâille ; l'homme taille un arbre ; une écaille.

Châteaulin, Imprimerie Ch. LE GOFF.

# ou

# oi

ou  cou  fou  pou  sou  clou  trou  chou  illou

oi  coi  toi  soi  roi  moi  croi  gloi  quoi

bou  foi  loi  gou  poi  noi  vou  goi  lou  doi  boi  zou

joi  voi  nou  choi  droi  oir  our  oil

Un sou, mon cou, un pou, un chou, u|ne pou|le, le cou|de, u|ne bou|le, dou|ze, u|ne mou|che, ma bou|che, de la mou|sse, un bou|chon, u|ne cou|ro|nne, u|ne sou|piè|re, un bou|ton, u|ne bou|to|nniè|re, je tou|sse, un ca|illou, de la pou|ssiè|re, un mou|lin, du char|bon ou de la hou|ille, un ti|re-bou|chon.

Je me mou|che ; je cou|pe le car|ton ; je m'a|ccou|de sur la ta|ble. Un trou ; je bou|che le trou ; je le dé|bou|che.

Un clou, de la croù|te, u|ne gre|nou|ille, u|ne bou|cle, du sou|fre.

Je tou|che le mur. J'ou|vre la por|te, je la pou|sse. Je sou|ffle. Il y a de la rou|ille sur la la|me. Le sou rou|le.

La cour, un four, un tour, la mous|ta|che, u|ne four|mi ; je tour|ne, u|ne four|che, u|ne bour|se. De l'é|to|ffe. U|ne ban de d'é|to|ffe lon|gue ; u|ne ban|de d'é|to|ffe cour|te.

Moi, toi ; u|ne boî|te, de la toi|le, u|ne voi|tu|re, u|ne é|toi|le, u|ne pa|ssoi|re, u|ne é|cu|moi|re, un poi|sson; je boi|te; je me coi|ffe, coi|ffe-toi; la moi|tié du li|vre.

Un poil, u|ne ar|moi|re, un ti|roir, un dé|mê|loir, un mi|roir; u|ne ta|che noi|re, un bou|ton noir; un mou|choir.

Du poi|vre; la poi|tri|ne. Voi|là un por|te-plu|me.

Châteaulin, Imprimerie Ch. LE GOFF.

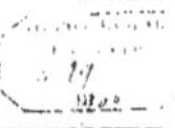

Un bas, mon dos, un lit, du riz, la rue, un mot, un nid, une oie, un pas, un rat, un chat, du tabac, un baril, de la fumée, un sabot, un tamis, une tortue, un haricot, un cadenas, un soldat, un fagot, une épée, un matelas.

Du drap, un plat, un gril, un bras, un accroc, un crachat, un parapluie, du lard, un canard, un lézard, un placard.

Du zinc, un banc, un rond, une houe, de la boue, de la soie, une roue, un pois, une joue, le toit, le pouls, un doigt, vingt, un poids, une souris, un abat-jour, une poupée.

Une croix, un franc, mon front, un angle droit, un angle obtus. Un tas de livres. Le bord du plat. Du drap gris. Un coup de règle. Le fond de la tasse. Un cochon ou un porc. Je me pique le doigt. Je copie une ligne. Le bout de la langue. Une vis rouillée.

| e = eu = œu | feu | jeu | peu | lieu | pieu |
| bleu | vieux | nœud |

Du feu, un jeu de cartes, un cheveu ; une poignée de riz, un peu de riz ; un pieu, le milieu du rond ; du fil blanc, du fil bleu ; un nœud ; la queue du chat ; un vieux livre.

eu = œu (ouvert comme dans neuf, cœur)   beu   meu   gueu   œuf
eur   œur

Une meule, du beurre, une gueule, un aveugle, un chasseur, une feuille, une fleur, neuf (9) ; un œuf, un bœuf, le cœur ; je heurte le mur ; la vache meugle ou beugle ; je pleure ; la lèvre inférieure, la lèvre supérieure ; un porte-plume neuf, une plume neuve ; un petit chat ou un jeune chat ; un pêcheur ; il a une longue ligne. Voilà deux règles. Un conducteur.

Il y a douze numéros sur le cadran de la montre ; la montre marque une heure.

Châteaulin, Imprimerie Ch. LE GOFF.

N° 10.

# Premier Tableau Récapitulatif

| | | | | | | | | | | | | | | | |
|---|---|---|---|---|---|---|---|---|---|---|---|---|---|---|---|
| tableau 1 | i u o a e é è ê<br>iè ui ia | n m r l t d<br>p b | na<br>dè | mi<br>no | rê<br>mé | lo<br>bui | tê<br>tiè | du<br>lui | pi<br>dia | be | mu | ne | ré | lé | ta |
| tableau 2 | io | s z j f v k<br>c q g | sè<br>sui | zo<br>liè | je<br>jui | fi<br>fio | vé<br>cui | ki<br>ziè | ca | qù | go | zu | fè | ja | kè |
| | y | x h | xe | hè | xy | ha | xi | hui | | | | | | | |
| tableau 3 | a b c d e f g h i j k l m n o p q r s t u v x y z<br>*a b c d e f g h i j k l m n o p q r s t u v x y z*<br>A B C D E F G H I J K L M N O P Q R S T U V X Y Z<br>*A B C D E F G H I J K L M N O P Q R S T U V X Y Z* | | | | | | | | | | | | | | |
| tableau 4 | an in on un<br>ian uin ion | | jon<br>min<br>os<br>ur | fin<br>con<br>ir<br>ac | cun<br>van<br>al<br>oc | pan<br>gon<br>uc<br>az | bon<br>tin<br>at<br>ax | ron<br>xon<br>il<br>oh | kin<br>nan<br>ad<br>arc | hon<br>zon<br>if<br>soc | gan<br>vian<br>ac<br>vis | l'un<br>sion<br>og<br>par | son<br>juin<br>yp<br>ins | can<br><br>ob<br>donc | d'un<br><br>ic<br>sanc |
| tableau 5 | | vr pr cr tr gr dr | fre | bry | pré | dro | tra | gru | cri | tron | grin | brun | cran | froc | vrac |
| tableau 6 | | cl fl pl ps sb scl | glu | fla | pli | spé | sty | sco | stra | scro | clan | blin | spon | scan | strict |
| tableau 7 | | qu gu<br>ch gn ill | quo<br>chè | gue<br>gnu | qua<br>illè | gué<br>gné | guè<br>cha | qu'u<br>chin | gui<br>gnon | quan<br>illan | guin<br>choc | qu'on<br>gnal | quin<br>illir | qu'un | |
| tableau 8 | ou oi oui | | cou | coi | gou | goi | quoi | chou | gnoi | illou | ploi | trou | tour | poil | foui |
| tableau 9 | eu œu ieu<br>eu œu ieu | | jeu<br>seule | feu<br>seul | peu<br>peur | lieu<br>fleur | eux<br>pleur | queue<br>cheur | vœu<br>gueul | nœud<br>illeur | pleut<br>œuf | vieux<br>cœur | <br>sœur | <br>bœuf | <br>sieur |

Châteaulin, Imprimerie Ch. Le Goff.

# o ———— au = eau

| bau | cau | d'au | gau | hau |
| l'au | pau | frau | glau | chau |
| deau | veau | bleau | gneau | |

Une faux, de la chaux, je me hausse, une paupière, une épaule, l'épaule gauche, l'épaule droite.

Je saute ; toi, saute aussi. Une chauve-souris. Une tête sans cheveux ou une tête chauve. Le bras gauche, le bras droit. Le chat miaule. Va à gauche ; va à droite.

Un chaudron ; un vautour, un crapaud. Le préau. Un fléau pour battre le blé. Une couleur bleue, une couleur jaune. Du noir, du bleu, du brun, du jaune : quatre couleurs. La paupière supérieure, la paupière inférieure. La hauteur de la classe, sa longueur. Une épingle, une autre épingle.

La peau, un seau, un veau, de l'eau.

Un râteau, le bureau, un copeau, un bateau, un anneau, un carreau, un marteau, un corbeau, un plumeau, le drapeau, un bandeau, un chapeau, un chameau, un rouleau, un moineau, un couteau, un poireau, un écheveau, un fourneau, le tableau noir, un tonneau.

Une chèvre, son chevreau ; une brebis, son agneau : deux moutons. Un peu de riz, beaucoup de riz. Un trousseau de clés. Le rideau de la fenêtre. Une petite branche ou un rameau. Le haut du tableau, le bas.

Beaucoup de moutons ou un troupeau de moutons.

Qu'y a-t-il sur la lame du couteau ? Il y a de la rouille.

Châteaulin, Imprimerie Ch. LE GOFF.

# è = ai = ei

| dai | mai | pai | vai | clai | grai |
|-----|-----|-----|-----|------|------|
| bei | rei | sei | fei | trei | plei |

U|ne hai|e, du lai|t, u|ne ai|le, un ba|lai, u|ne cai|sse, de la lai|ne. U|ne di|zai|ne (10), u|ne dou|zai|ne (12), u|ne quin|zai|ne (14, 15, 16), u|ne ving|tai|ne (19, 20, 21).

De la crai|e, du vi|nai|gre, u|ne chaî|ne, u|ne a|rai|gnée.

Deux ba|s ou u|ne pai|re de ba|s. Je bai|sse la tê|te puis je la re|lè|ve. De la chair. J'a|bai|sse le ta|bleau. Je traî|ne le ba|lai. Je voi|s clair ; l'a|veu|gle ne voi|t pas clair. Je fai|s un nœu|d à la cor|de ; je dé|fai|s le nœu|d ; je le re|fai|s.

Trei|ze (13), sei|ze (16), un pei|gne, je me pei|gne, u|ne vei|ne. L'ha|lei|ne sor|t de la bou|che. U|ne ta|sse plei|ne d'eau ; j'y mou|ille mon mou|choir ; j'in|cli|ne la ta|sse, l'eau se ré|pand.

# è = et = es = est = ès

et — Un fi|let, un mu|let, un na|vet, un bé|ret, un mo|llet, un bu|ffet, un bo|nnet, un si|fflet, un ba|quet, un pa|quet, un cro|chet, un pou|let, un ma|illet, un poi|gnet, un sou|fflet.

Voi|là du fil vio|let. On pè|che au fi|let. Un ro|bi|net, un go|be|let, un ma|illet, un cro|chet son|t qua|tre ob|jets.

es — Je sui|s de|bout, tu es de|bout au|ssi.

     Ma tê|te,      ta tê|te,      sa tê|te.

     Mon fron|t,      ton fron|t,      son fron|t.

     Mes che|veux, tes che|veux, ses che|veux.

Des plu|me|s, des clou|s, des ba|lai|s, des pei|gne|s, les deux bra|s, les lè|vre|s, les doi|gts.

est—ès—Le moi|neau est pe|ti|t, le por|c est gro|s, le bœuf est très gro|s, la four|mi est très pe|ti|te.

j'é|cri|s 1, 2, 3. — 2 est a|près 1 ; — 2 est a|vant 3.

Va près du mur ; ne tou|che pa|s le mur ; tu es près du mur.

# an = am = ean

ham    jam    lam    cam    flam    cham    Jean

U|ne jam|be, u|ne lam|pe, un champ, de l'am|bre, du jam|bon, un tam|bour, la ham|pe du dra|peau.

Jean a un tam|bour ; il bat du tam|bour ou il tam|bou|ri|ne. Le la|bou|reur la|bou|re le champ.

# an = en = em

fen    len    ten    pren    mem    sem    rem    trem

U|ne fen|te, de l'en|cre, le men|ton, le ven|tre, u|ne dent, les dents, u|ne en|clu|me, u|ne en|ve|lo|ppe, un en|to|nnoir, mes vê|te|ments ou mes ha|bits.

Je sen|s le sa|von. J'en|rou|le le fil au|tour du bà|ton; fais co|mme moi; le fil est en|rou|lé; le fil en|tou|re le bà|ton. Il y a u|ne fen|te à la plan|che: la plan|che est fen|du|e.

Va de|hor|s, ou|vre la por|te, en|tre, sor|s, ren|tre, sor|s en|co|re, ren|tre de nou|veau ; va t'a|ss(e)oir; en|jam|be le ban|c.

U|ne tem|pe, les deux tem|pe|s, je trem|ble. Je trem|pe la plu|me dan|s l'en|cre. Je fai|s sem|blan|t de dor|mir.

Les deux bra|s, les deux jam|be|s son|t no|s mem|bre|s.

J'em|pli|s la ta|sse d'eau ; la ta|sse est très plei|ne ; je ré|pan|ds l'eau ; je rem|pli|s la ta|sse ; j'em|por|te l'eau dans la ta|sse. Les clou|s, les é|pin|gle|s son|t en|sem|ble dan|s la boî|te.

Voi|là un bou|ton, en voi|là un au|tre sem|bla|ble ; en voi|là en|co|re un au|tre, di|ffé|ren|t.

Châteaulin, Imprimerie Ch. LE GOFF.    

# in = im = ein = ain = aim = yn = ym

lim    rein    fein    prein    bain    cain    gain    plain

faim    daim    lyn    ryn    sym    tym    lym

Un timbre-poste. Un trait simple, un trait double. Le chat grimpe à la muraille.

J'éteins la lampe. Du fil teint en violet. Un peintre ; il peint. Le tableau est peint en noir ; la peinture s'en va par endroits. Le dos, les reins. Un bol plein d'eau.

Une main, les mains. Du pain. De l'étain. Un grain, une dizaine de grains. Je prends plein la main de grains ou une poignée de grains ; j'en garde un peu. Je me plains. Un poulain. Je guide ta main pour écrire. Qui guide ta main ? Moi.

---

# on = om

rom     pom     dom     bom     plom     trom

Un nom, un prénom, un nombre, une pompe, une tombe ou un tombeau, un tombereau, un compas, du plomb.

L'ombre du bâton. Je pousse la règle ; la règle tombe. Des grains de plomb. 1, 9, 20, sont 3 nombres ; 15 est un autre nombre. Voilà des livres ; je les compte : un deux, trois, quatre ; il y en a quatre. Un feuillet. Compte vingt feuillets.

Jean, Sylvain, Henri, Félix, Reine, Suzanne, Olympe sont des prénoms. Dupont, Legrand, Guérin sont des noms. Dis-moi ton prénom. Dis-moi ton nom.

Ma signature, mon nom. Il y a des élèves qui ont le même prénom. Je fais une raie sur le plomb.

Voilà de la craie, non, je me trompe, de l'amidon. L'amidon est blanc comme la craie ; l'amidon ressemble à la craie.

Châteaulin. Imprimerie Ch. LE GOFF. 

# un = um = eun

**fum hum jeun.** — Il y a un par|fum dan|s le fla|con ; sen|s-le ; le par|fum sen|t bon. Mon sa|von a au|ssi du par|fum ; il est par|fu|mé.

Tu es à jeun quand tu te lè|ve|s.

---

| f = ph — | pho | pha | phe | phan | phon | phin |
|---|---|---|---|---|---|---|
| t = th — | thé | tho | tha | thu | thon | |

U|ne a|pos|tro|phe, un é|lé|phan|t, du phos|pho|re, du cam|phre. Du thé, u|ne thé|iè|re, un thon, u|ne bi|bli|o|thè|que, du thym. L'é|lé|phan|t a u|ne lon|gue trom|pe. L'a|pos|tro|phe est un si|gne sem|bla|ble à la vir|gu|le. Phi|li|ppe, Thé|o|do|re, Tho|ma|s, Thé|o|phi|le, A|dol|phe, Al|phon|se, Ma|thieu, A|ga|the, Ma|thil|de, Eu|phé|mi|e son|t des pré|nom|s.

Le po|teau por|te les fil|s du té|lé|gra|phe. Comp|te jus|qu'à vingt. Voi|là l'al|pha|bet. A|ccom|pa|gne-moi jus|qu'à la por|te. Le cham|pi|gnon pou|sse vi|te : il pou|sse en u|ne nuit. La pan|thè|re re|ssem|ble au ti|gre, mai|s la pan|thè|re n'est pa|s au|ssi gro|sse que le ti|gre.

Un fil à plom|b. Le mur pen|che : le mur n'est pa|s d'a|plom|b. Ma main trem|ble. Des sal|tim|ban|que|s ; il|s fon|t des tour|s.

---

| oin | loin | soin | moin |
|---|---|---|---|

Du foin, un coin, un poin|t, mon poin|g.

Je join|s les main|s. La poin|te de l'é|pin|gle, sa tê|te ; l'é|pin|gle est poin|tu|e. Il y a qua|tre coin|s dan|s la cla|sse. Un coin noir ou un coin som|bre ; un coin é|clai|ré. U|ne li|gne de poin|ts.

Châteaulin, Imprimerie Ch. LE GOFF.

(i—in)

ien    bien    lien    rien    vien    mien    tien    chien

Un chien. Le chien est plus gros que le chat; le chat est moins gros que le chien. J'écris le mot chien; écris-le aussi. J'écris bien; toi, tu n'écris pas encore bien, tu écris mal.

Tu as un bouton dans la main droite; tu n'as rien dans la main gauche.

On dit: un âne ou bien un baudet, un cochon ou bien un porc.

Je lie tes mains avec une corde; je lie aussi tes jambes avec un mouchoir; tu as des liens aux mains, aux jambes.

Mon poing, ton poing, son poing : le mien est gros, le tien est petit, le sien est petit aussi. — Mes doigts, tes doigts, ses doigts : les miens sont longs, les tiens sont courts, les siens sont courts aussi.— Viens près de moi.— Tu lis bien, tiens, voilà un bonbon.

Julien, Maximilien, Sébastien.

---

ill = ll    lle    llé    lla    lli    llo    llon    lleu    llet

Une bille, une fille, une chenille, une anguille, un papillon, une vrille, un billet, une oreille, une abeille, une bouteille, une corbeille, un vieillard.

Le tympan de l'oreille est le fond de l'oreille. Une ligne pointillée est une suite de points.

Je dors, je ronfle, je rêve, je m'éveille.

Voilà une anguille, une béquille, une cheville. Ramasse la coquille d'œuf. J'écoute à la porte ; je n'entends rien. Marche vite ; marche moins vite ; marche plus vite. Le scorpion pique comme la guêpe, sa piqûre fait beaucoup plus de mal. Le matin je me lave, puis je m'habille. Voilà une photographie ou bien un portrait. Viens au près de moi. — Bien. — Recule maintenant ; va plus loin encore. Le laboureur creuse des sillons à l'aide d'une charrue. Fabien ne vient pas à l'école; il se bat, il mendie, il vole; Fabien est un mauvais sujet ; Fabien est un vaurien.

Châteaulin, Imprimerie Ch. LE GOFF.

(èl)    (èr)    (èf)    (èc)    (ès)    (èx)    (èp)    (hèr)

# el er ef ec es ex ep her

sel    tel    bel    bec    sec    nef    mer    sep    res    sex

el—— Du sel, du miel. Quel est ton pré|nom ? Quel est ton nom ? Quel|qu'un fra|ppe à la por|te.

er—— Du fer, un ver, u|ne ser|pe. Ou|vre la por|te, fer|me-la. Du vert ; u|ne cou|leur ver|te ; du vert-de-gris. Un ser|pent, u|ne per|che, un tra|ver|sin, u|ne cui|ller.

La cou|ver|tu|re du li|vre. Le cou|ver|cle de la boî|te. U|ne li|gne ho|ri|zon|ta|le, u|ne li|gne ver|ti|ca|le. L'en|droit de l'é|to|ffe, l'en|vers. Le ser|pent ram|pe. Hi|er, au|jour|d'hui, de|main. Un ther|mo|mè|tre.

ep—— U|ne bê|te ou un a|ni|mal qui ram|pe, co|mme le ser|pent, le lé|zard, est un rep|ti|le.

ef—— Le chef des sol|da|ts.

ec—— Un bec ; un bec cro|chu, un bec poin|tu. Le bec de la plu|me. Le tor|chon est sec ; je le trem|pe dan|s l'eau : le voi|là mou|illé. Un in|sec|te. L'in|sec|te a si|x pa|tte|s. La mou|che, l'a|bei|lle, la guê|pe, la four|mi, le pa|pi|llon son|t des in|sec|te|s. Je te pi|que un peu a|vec la plu|me. Un rec|tan|gle.

es—— Un es|car|go|t, un ves|ton. Un res|te de pain. Sau|te ; tu sau|te|s loin, tu sau|te|s bien : tu es les|te.

ex—— L'in|dex, les deu|x in|dex ; du si|lex.

her—— Une her|se, de l'her|be, un brin d'her|be.

Je ren|ver|se la sa|liè|re; le sel est tom|bé. Il res|te un peu de sel dan|s la sa|liè|re ; voi|là le res|te ; il n'y a plu|s rien dan|s la sa|liè|re.—— Klé|ber, Phi|li|ber|t.

Châteaulin, Imprimerie Ch. LE GOFF.

# elle erre esse ette effe enne ienne

belle      serre      dette      renne      greffe      dresse

**elle** — Une pelle, une échelle, une écuelle. Une hirondelle ; elle vole. Une truelle ; une ombrelle ; une chandelle ; une aisselle, les aisselles.

**erre** — Du verre, un verre ; le fond du verre. De la terre ; une pomme de terre. Une équerre, un verrou, une pierre. La pierre tombe à terre. Le silex, la craie sont deux pierres. Du charbon de terre ou de la houille ; du charbon de bois.

**esse** — Je dessine une tête. Une tresse. Redresse le bâton. Un essieu.

**ette** — Une lavette, une allumette, une galette, une burette, une baguette, une assiette, une casquette, une serpette, une fourchette, une brouette, une serviette. Jette la pierre à terre. — Une lettre ; une autre lettre.

**effe** — Une greffe. Un arbre greffé.

**enne, ienne** — Ma main, ta main, sa main ; la mienne est grande, la tienne est petite, la sienne est petite aussi. Une chienne avec ses petits chiens. Turenne, Etienne, Julienne.

Châteaulin, Imprimerie Ch. LE GOFF.

# S = Ç = C (e, é, è, i, y) = SC

sa    ça    su    çu    so    ço    se    ce    cé    cè    ci    cy

sci    scé    scè

## j = g (e, é, è, ê, i, y) · je    ge    gé    gè    gê    gi    gy

Ce ci, ce la, ça. Ici, là. De la ci re, u ne li ma ce ; sa pla ce, ta pla ce. Un cy lin dre, u ne lan ce, le pou ce, u ne ba lan ce, un bra ce let, les sour cils. Pa sse-moi ce li vre. Do nne-moi ça. Est-ce que tu as u ne mon tre ? — Non. J'en fon ce la rè gle dans ma man che.

U ne sci e ; de la sci u re ; du bois sci é.

U ne pa ge, le ge nou, un sin ge, u ne au ge. J'a gi te l'eau.

Du ci ra ge. L'é pi, la ti ge, la ra ci ne. Ici, il y a de la ci re ; là, il y a du ci ra ge. Voi ci deux bou chons : ce lui-ci est en liè ge, ce lui-là est en verre. Qu'est-ce que ce ci ? C'est u ne i ma ge. Ce ci est u ne sci e, ce la est u ne ha che ; ce sont deux ob jet s.

Cé li ne, Cé ci le, Ge ne viè ve sont des pré noms de fi lle s.

A vo tre pla ce !

# k = C (a, o, u)    cu    ca    co

# g (a, o, u)    go    gu    ga

cè    gé    ca    gy    scè    ço    gu    cy    ce    go    cu    cé

gè    ci    ga    scé    ça    ge    sci    cu    gi    co    gè

U ne ca ge, un ci ga re, u ne ci ga rette, u ne é ta gè re, u ne cu vette, du fro ma ge, u ne ri go le, de l'or ge, la gor ge, u ne bou gie, u ne cé di lle, un cy gne, de l'é cor ce, u ne hor lo ge, un co qui lla ge.

Ah ! u ne i ma ge. Oh ! u ne pu ce. La fa ça de de l'é co le. U ne fi gu re lai de, u ne belle fi gu re, u ne jo lie fi gu re. Je man ge. Je re cu le, j'a van ce. Su ce le bon bon ; su co te-le.

Voi ci un bâ ton sci é en deux. Un car ton min ce, un car ton é pais. Les cils des pau piè re s. De l'en cre rou ge.

Tu es de vant moi ; je ne vois pas : tu me gè nes ; mets-toi de cô té ou a ge nou ille-toi, ou a ccrou pis-toi.

Un vi ei llard est un ho mme vieux ou un ho mme â gé.

Cè de-moi ta pla ce ; là, je me mets à ta pla ce ; tu m'as cé dé ta pla ce. Les é lè ve s font de la gy m'nas ti que.

Voi ci un mi roir ou u ne pe ti te gla ce ; j'in cli ne la gla ce ; je pla ce u ne plu me sur la gla ce ; je lâ che la plu me ; la plu me gli sse sur la gla ce.

Ce ci, est-ce un go be let ? — Non. — Est-ce un verre ? — Oui.

Chateaulin, Imprimerie Ch. LE GOFF.

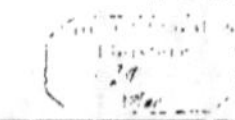

(cèr)

# s = ç = c = se — çoi çon çan cen cin sein cein cien ceu cer ceau

## — cei çais ces cès c'est cet — cette celle cesse cienne

— Tu re çois u ne i ma ge. J'a per çois u ne plu me à terre. Fran çois.

— Un ma çon, un pin çon, un ha me çon, un li ma çon, un gar çon, u ne le çon de lec tu re.

— En effa çant, je me suis blan chi la main. En pin çant, on fait du mal.

— Un cent (100), un cen ti mè tre, un dé ci mè tre ; de la cen dre ; u ne cir con fé ren ce, le cen tre de la cir con fé ren ce.

— Cinq (5). Cin quan te (50). Le cin quiè me é lè ve. Un sou ou cin q cen ti mes. Un mé de cin, un ma la de. Le mé de cin soi gne les ma la des. U ne cein tu re, un cein tu ron.

— Un mé ca ni cien, u ne ma chi ne. Un phar ma cien dans sa phar ma cie. Lu cien. Fé li cien.

— Voi ci des bou tons : ceu x-ci sont en os, ceu x-là sont en mé tal.

— Un cerf, un cer cle. un cerf-vo lant.

— Un ber ceau, un cer ceau ; un pin ceau, un mor ceau de crai e.

— Le dra peau fran çais. Un Fran çais.

— Com p te ces pierres. — Il y en a cinq. Qu'est-ce que ce ci ? — Ce ci, c'est un la cet. — Cet a ni mal s'a ppelle un cerf ; cet au tre s'a ppelle un li ma çon. Cet ob jet s'a ppelle un pin ceau. Cet ho mme est un ma çon.

— Cette boî te est vi de ; en voi ci u ne au tre plei ne. Cette feu ille est blan che, cette en cre est noi re.

— U ne fi celle. Voi ci deu x rè gles : celle-ci est lon gue, celle-là est cour te.— Serre mon poi gnet ; serre fort ; cesse.

— Un an cien é lè ve, u ne an cienne é lè ve. Un é lè ve nou veau, u ne é lè ve nou velle. Lu cienne, Fé li cienne.

---

# j = g — gea geo geoi geon gean gen gin gim gein

## (è)
## gien geu ger — gei geais get — gesse gelle gette

— Hi er, tu man geas troi s fois : le ma tin, à mi di, le soir. Hi er, mon chien ron gea un os.

— Le pein tre ba di geo nne les murs. Geor ges.

— Un bou geoir. U ne na geoi re. Le poi sson na ge à l'ai de de na geoi res. L'au ge où le che val man ge, s'a ppelle u ne man geoi re.

— Un pi geon, un bour geon.

— On boit en man geant. En a llon geant le bra s, j'a ttein s le hau t du ta bleau.

— U ne gen ci ve ; les gen ci ves ; un gen dar me ; de l'ar gent.

— Un chi rur gien.

— Le rat ron ge le boi s, le pain : c'est un ron geur. Un na geur ; un plon geur.

— U ne ger be. Un grain ger mé. Ger main, Ger tru de.

— Hier, mon chien ron geait un os pen dant que je man geais.

— Un puits. La mar gelle du puits. — U ne tar gette. Geor gette.

Châteaulin, Imprimerie Ch. LE GOFF.

# Z = S

| ase | èse | ise | ose | use | yse | euse | ouse | oise | aise |
|---|---|---|---|---|---|---|---|---|---|
| asa | esa | isa | osa | usa | ysa | ause | ousa | oisa | aisa |
| asi | ési | isi | osi | usi | ysi | uisi | ousi | oisi | aisi |
|  | eso | iso |  |  | yso |  |  | oiso | aiso |
| asu | esu | isu |  | usu |  |  | ousu |  |  |
| asan | esan | isan | osan | usan | ysan |  | ousan | oisan | aisan |
| asin |  |  |  | usain |  |  | ousin | oisin | aisin |
| ason | eson | ison | oson | uson | yson |  | ouson | oison | aison |
| aseu |  | iseu | oseu | useu |  |  | ouseu | oiseu |  |
| asoi |  | isoi | osoi | usoi |  |  |  |  |  |
|  |  | iset |  |  |  |  |  |  |  |

aseau éseau iseau oseau useau        oiseau

asais esais isais osais usais ysais      ousais oisais aisais

asion esoin ision osion usion ysions ausions ousions oisions aisions

isien        eusions

Un vase, une case, de la vase, la cuisine ; j'écrase la craie. Une phrase.

Une rose, une rosace, une valise, une chemise, la figure ou le visage ; un vase brisé ; du fil rose ; un fusil ; une cordeuse sée.

Un tison, un losange, un rasoir, un arrosoir ; on arrose avec un arrosoir.

Une blouse ; un bouton cousu, un bouton décousu.

Une ardoise, ton voisin, ta voisine ; la fenêtre ou la croisée ; la cloison de la boîte. Du cuir moisi ; j'ôte la moisissure.

Des ciseaux, un roseau ; un oiseau, deux oiseaux ; le naseau du cheval ; le museau du chien. Le vert-de-gris est un poison. Celui qui a valé un poison s'empoisonne.

Une chaise, une maison. Une Française.

On pèse avec une balance. Je pose le vase à terre. Je mesure la table avec un mètre. Le chat joue ou s'amuse avec la pelotte de fil. Un priseur. Le chasseur vise un oiseau avec son fusil.

Un vase, un rasoir, des ciseaux sont trois objets ou trois choses.

Voici une famille : elle se compose du père, de la mère, d'un garçon, d'une fille ; le garçon est le frère de la fille, la fille est la sœur du garçon.—Hier, qui est-ce qui lisait pendant que sa mère cousait ? Maintenant, lisons.—Il y a quelque chose dans ma main. C'est de la craie écrasée.

Lise, Rose, Elisa, Rosalie, Thérèse, Louise, Isabelle, Joséphine, Françoise, Elisabeth.

Oné sime, Ambroise, Joseph.

Châteaulin, Imprimerie Ch. LE GOFF.

| (ai i) | (ei i) | (ui i) | (oi i) | (oi ien) |
|---|---|---|---|---|

## ay    ey    uy    oy    oyen

| | | | | | | |
|---|---|---|---|---|---|---|
| ay —aya | ayé | ayan | ayon | ayais | | ayeu |
| ey —eya | eyé | eyan | eyon | eyais | | |
| uy —uya | uyé | uyan | uyon | uyait | uyau | uyeu |
| oy —oya | oyé | oyan | oyon | oyait | oyau | oyeu |
| oyen —doyen | moyen | toyen | | | | |

Un rayon de roue; un crayon.

Hier, on balaya la classe. Un balayeur, une balayeuse; les balayures. Une étoffe rayée.

Un tuyau. Nous essuyons le tableau. Nous nous appuyons contre le mur. Je m'appuie sur la chaise.

Un noyau, un boyau; le moyeu de la roue. Un rat est mort dans l'eau : il s'est noyé. Quand on rit, on est joyeux; on est triste quand on pleure.

L'oiseau vole au moyen d'ailes.

Nous allons à notre place; nous nous asseyons.

## ill = il = l

| | | | | | | |
|---|---|---|---|---|---|---|
| aill = ail — tail | bail | rail | vail | nail | cail |
| eill = eil — reil | teil | leil | meil | veil | |

| | | | |
|---|---|---|---|
| euil — teuil | feuil | deuil | seuil |

euill = { ueil — cueil    gueil

       œil — l'œil

Un éventail, un gouvernail, un épouvantail, le poitrail du cheval.

Le soleil; un orteil. Tu bâilles : tu as sommeil. Deux porte-plumes pareils; l'un est pareil à l'autre. Voici encore deux plumes semblables, pareilles : l'une est pareille à l'autre.

Un fauteuil, un écureuil, le seuil de la porte.

Un cercueil. Cette fillette cueille une fleur. Un homme orgueilleux : il a de l'orgueil.

Un œil, deux yeux. Un œillet ; les œillères du cheval.

# é — et — ai — er — ez — ed

**é=et** —— Un et un font deux ; deux et un font trois. Un crayon et u ne rè gle. Voi ci deux enfan ts : un gar çon et u ne fille.

**é=ai** —— J'ai u ne mon tre ; j'ai au ssi un ca nif. Quan d on jou e, quan d on ri t, on est gai. Un an gle ai gu ; un cri ; un cri ai gu, per çan t ; un ac cen t ai gu. U ne ai gu i lle, un geai, un quai. De main, je li rai en co re. J'au rai un li vre quan d je sau rai li re. La cla sse a é té ba la yée. En ba layan t on a fait de la pou ssiè re ; a près le ba laya ge, on a essuyé le bu reau, les ta bles.

**é=er** —— Un bou cher, un bou lan ger, un o rei ller, un en cri er, un su cri er. Le bou lan ger fai t le pain ; le bou cher ven d de la vian de de bœuf, de veau et de mou ton. Le dé jeu ner, le dî ner et le sou per son t les trois re pas de la jour née. Un ber ger. Je vais cher cher un en cri er ; le voi ci ; main te nan t, je vais le re por ter.

**é=ez** —— Le nez. J'ai man gé ; je n'ai plus faim : j'ai man gé a ssez. De main, j'i rai chez le bou lan ger pour a che ter du pain. Mar chez, a rrê tez-vous. Le vez les bra s en l'air ; a bai ssez-les ; re co mmen cez, con ti nu ez, cessez. Fer mez les yeux, ou vrez-les ; vou s, pre nez ce lin ge, essuyez cette ta ble ; c'est bien. Vou s dé jeu nez le ma tin, vou s di nez à mi di et vou s sou pez le soir. Vou s essayez de li re — Un mur mi to yen — Cette nui t, un chien a a boyé.

**é=ed** —— Un pied. Mes pied s. Un tré pied. J'ai dor mi au pied d'un ar bre. Sau tez sur un pied. Il Elle s'a ssied.

**ié=ier** —— Du fu mier, un pa nier, du pa pier, un ca hier, un eu vier, un so mmier. le co to nnier, un co llier, un hui lier, du mor tier, un sou lier, de l'o sier. un ro sier, un sa la dier, un chan de lier, un o ffi cier. U ne é chelle ; les é che lon s ; le pre mier é che lon et le der nier. Le me nui sier fai t les por te s, les croi sé es, les ar moi re s, etc. Le po tier fai t des po ts, des a ssiette s, des pla ts, etc. — Allez vous a sseoir.

# sion = tion

2 plus 5 fon t 5 $\left(\begin{smallmatrix}+5\\5\end{smallmatrix}\right)$ : c'est u ne a ddi tion.

5 moin s 5 é ga le 2 $\left(\begin{smallmatrix}-5\\2\end{smallmatrix}\right)$ : c'est u ne sous- trac tion.

2 foi s 5 fon t 6 $\left(\begin{smallmatrix}\times5\\6\end{smallmatrix}\right)$ : c'est u ne mul ti- pli ca tion.

6 par ta gé en 2 do nne 5 et 5,

ou bien : 6 di vi sé par 2 é ga le 5 $\left(\begin{smallmatrix}6:2\\3\end{smallmatrix}\right)$ : c'est u ne di vi sion.

L'a ddi tion, la sous trac tion, la mul ti pli- ca tion et la di vi sion son t les qua tre o pé ra tion s.

A tten tion ! li sez. Il Elle ne re gar de pa s, ne sui t pas ; Il elle ne joue ra pa s pen- dan t la ré cré a tion ; ce se ra sa pu ni tion.

# ègz = ex

**exa exo exi exu exé exem exhau**

J'exa mi ne ton ca hier. Quelle heu re est-il exac te ment ?
Je fai|s un dessin, ou bien : j'exé cu te un dessin.
J'é cri s un exem ple, i mi te-le.
Je veu x, j'exi ge qu'on é cri ve bien.
On fe ra le mur plu s hau t qu'il n'est : on exhau sse ra ce mur.
Xa vier.

**aï oï aü uë oïn aïeu**

Du maïs. Ce lui qui fai t le mal est dé tes té, haï.
Ce lui qui ne do nne ja mai s rien au x au tre|s est un é goïs te.
L'ai gu i lle s'a ppelle ain si par ce qu'elle est ai guë. U ne voi x ai guë, per çan te.
La ci guë est un poi son.
Le gran|d-pè re s'a ppelle au ssi l'aïeul ; la gran d'mè re s'a ppelle en co re l'aïeu le.
U ne a ssiette en faïen ce, u ne sou cou pe en por ce lai ne.

# e = ent

| | | | | | | | |
|---|---|---|---|---|---|---|---|
| Je | mar che, | Je | tou che | mon | fron t, | ma | nu que, | mes | jou|es ; |
| Tu | mar che s, | Tu | tou che s | ton | fron|t, | ta | nu que, | tes | jou es ; |
| Il | marche, | Il | tou che | son | fron t, | sa | nu que, | ses | jou es ; |
| Elle | marche, | Elle | tou che | son | fron|t, | sa | nu que, | ses | jou es ; |
| Nou s | mar chon s, | Nou|s | tou chon|s | no tre | fron|t, | no tre | nu que, | no|s | jou es ; |
| Vou s | mar chez, | Vou|s | tou chez | vo tre | fron|t, | vo tre | nu que, | vo|s | jou|es ; |
| Il s | mar che nt, | Ils | tou che nt | leur | fron|t, | leur | nu que, | leur s | jou|es ; |
| Elle s | mar che nt, | Elle s | tou che nt | leur | fron|t, | leur | nu que, | leur s | jou es. |

Ils ri|ent, il|s pleu re nt ; il s jou|ent, il|s sau te nt.
Elle|s ri|ent, elle|s pleu re|nt ; elle|s jou|ent, elle|s sau te|nt.
Co mmen t s'a ppelle nt ces troi|s é lè ve|s ?
Il y a des en fan|ts qui a rri ve|nt sou ven|t en re tar|d en cla sse.

| | | | | | | |
|---|---|---|---|---|---|---|
| J'ai | | une | règle, | Je | sui|s | de bou|t, |
| tu | a|s | un | por te-plu me, | tu | es | à genou|x, |
| il | a | un | crayon, | il | est | a ssi|s, |
| elle | a | | | elle | est | a ssi se, |
| nou|s | a von|s | un | li vre, | nou|s | so mme|s | de bou|t. |
| vou|s | a vez | un | ca hier, | vou|s | è te|s | à ge nou|x. |
| il|s | on|t | u ne | ar doi se. | il|s | son|t | a ssi|s, |
| elle|s | on|t | | | elle|s | son|t | a ssi se|s. |

Chateaulin. Imprimerie Ch. LE GOFF. DÉPOSÉ.

# Quelques bizarreries

Un, deux, trois, quatre, cinq, six, sept, huit, neuf, dix...,
dix-sept, dix-huit, dix-neuf, vingt, vingt et un, vingt-deux,
vingt-trois.., soixante.., quatre-vingts, quatre-vingt-un,
quatre-vingt-deux.., quatre-vingt-huit.., cent.., mille.

Un élève, deux élèves, trois élèves, quatre élèves,
cinq élèves, six élèves, sept élèves, huit élèves, neuf élèves,
dix élèves, onze élèves.., vingt élèves...

Un homme, deux hommes, trois hommes, quatre hommes,
cinq hommes, six hommes, sept hommes, huit hommes,
neuf hommes, dix hommes.., treize hommes...

Un sac, deux sacs, trois sacs, quatre sacs, cinq sacs, six sacs,
sept sacs, huit sacs, neuf sacs, dix sacs.., vingt sacs.

Deuxième.., sixième, septième.., dixième.

Une femme, un monsieur, des messieurs. Un paon, un taon.

Une ville, un village, un villageois. Reste tranquille.

Un oignon, un hoyau. — Le mois d'Août. L'automne.

Un condamné. Dessus, dessous. Un poêle.

Lisez tous. Tous lisent ; tous les élèves savent lire.

Des cerfs, des œufs, des bœufs.

J'ai eu ; j'eus, tu eus, il eut, nous eûmes, vous eûtes, ils eurent.

J'eusse.., nous eussions... De la patience. Le cheval hennit.

Mon pays ; un paysan, une paysanne.

a b c d e f g h i j k l m n o p q r s t u v w x y z

*a b c d e f g h i j k l m n o p q r s t u v w x y z*

Châteaulin, Imprimerie Ch. LE GOFF.     DÉPOSÉ.

# Deuxième Tableau Récapitulatif

N° 26.

| | | |
|---|---|---|
| tableau 11 | o — au / eau | jau gau cau sau chau saur Paul clau glau frau<br>seau neau gneau bleau dreau |
| tableau 12 | è = ai / ei / et / es ès est | bai cai gai fai nai rai sai tai zais chai \| haie<br>paix quais guais gnait illait air plai grai clair<br>sei lei nei pei tei fei vei plei trei<br>let vet jet set quet guet chet guet illet plet flet<br>mes tes ses des les dés près très m'est c'est s'est<br>l'es qu'est |
| tableau 13 | an = am ean en em | bam cam gam Jean ten sem rem cham trem \| flam |
| tableau 14 | in = im ein ain aim yn ym / on = om | tim pein nain daim syn tym chim plein train grim guim<br>com lom nom som tom plom prom trom |
| tableau 15 | un = um eun / oin | hum fum jeun<br><br>f = ph  phé phy phan phou phra sphé sphinx<br>t = th  tho thon thau thieu thym thlé<br>foin poin loin soin moin coin join goin |
| tableau 16 | ien | dien sien tien mien chien<br>ill = ll  illa illé illon illan illeu illet illais illions |
| tableau 17 | el er her es ef ex ep / ec eph eth | tel ver pes \| nef dex rep bec vers bref |
| tableau 18 | elle erre ette esse effe enne ienne / ettre | pelle terre messe effet renne \| jette tienne tesson essaim vresse greffe<br>lettre cresson |

Châteaulin, Imprimerie Ch. Le Goff.

Méthode de Lecture par U. MERCIER, Inspecteur primaire.

# Troisième Tableau Récapitulatif



| | | |
|---|---|---|
| tableau 19 | s = { c<br> c = (devant)<br> se }<br> j = g (devant) | cu  ça  co  ci  cy  cè  cé  ce  scé  sci  scè<br>ac cès ex cès<br>ji  gi  gé  gy |
| tableau 20 | s = { c<br> c<br> se }<br><br> j = g | çan  çoi  cin  çon  cen  scin  cciu  cien  ceu  cer  ceau<br>cions ciant  cei  cait  ces  cès  c'est  cet  cette  cesse  celle<br>cienne  cession<br>gea  geon  geoi  gen  gin  ger  gein  gien  gion  gieu  geur<br>gei  geait  get  gelle |
| tableau 21 | z = s | isu  usi  ase  esa  ysa  osé  esan  asin  isons  usain  iseu<br>osoi  iset  aseau  osais  ysions  esoin  isien  euse  ause  ousu  oisa<br>aisé  ousant  aisais  ouseu  oiseau voisin  maison  causions |
| tableau 22 | ay \| ey \| uy  oy  oyen<br><br> ail  eil<br> euil  ueil  œil | aya  eyé  uya  oyé  paya  seyé  loya  suyé  ayant  eyons  oyau<br>oyeu  payant puyait boyau moyeu moyen ploya  croyais<br>cail  rail  vail  tail  mail  trail  meil  reil  teil  leil<br>feuil  seuil  deuil  teuil  cueil  gueil  l'œil  treuil vreuil |
| tableau 23 | é = ai \| ez  ed  et \| er<br><br> sion = tion | j'ai  geai  gai  quai  nez  chez  assez  pied  et  berger percer<br>cher cher.  verser ; je  me  tai rai : je  t'é clai re rai : je  t'é clai rai.<br>po tion ra tion ac tion |
| tableau 24 | egz = ex<br> aï \| oë \| aü \| uë \| ïeu<br><br> e = ent | exa  exu  exi  exhi  exo  exem  exer  exhau<br>haï  Noël  Saül  ciguë  aïeul<br>ils sentent ; elles mentent : ils tentent : elles  rendent : ils  offrent ;<br>elles acceptent. |

Châteaulin, Imprimerie Ch. Le Goff.